たぬきのたまご

内田麟太郎・詩集

高畠純・絵

JUNIOR POEM SERIES

もくじ

I

Ⅱ

Ⅲ

Ⅰ　おかあさん

とぐろ

へびはおかあさんをしらないから
ときどきじぶんをだきしめてねむる

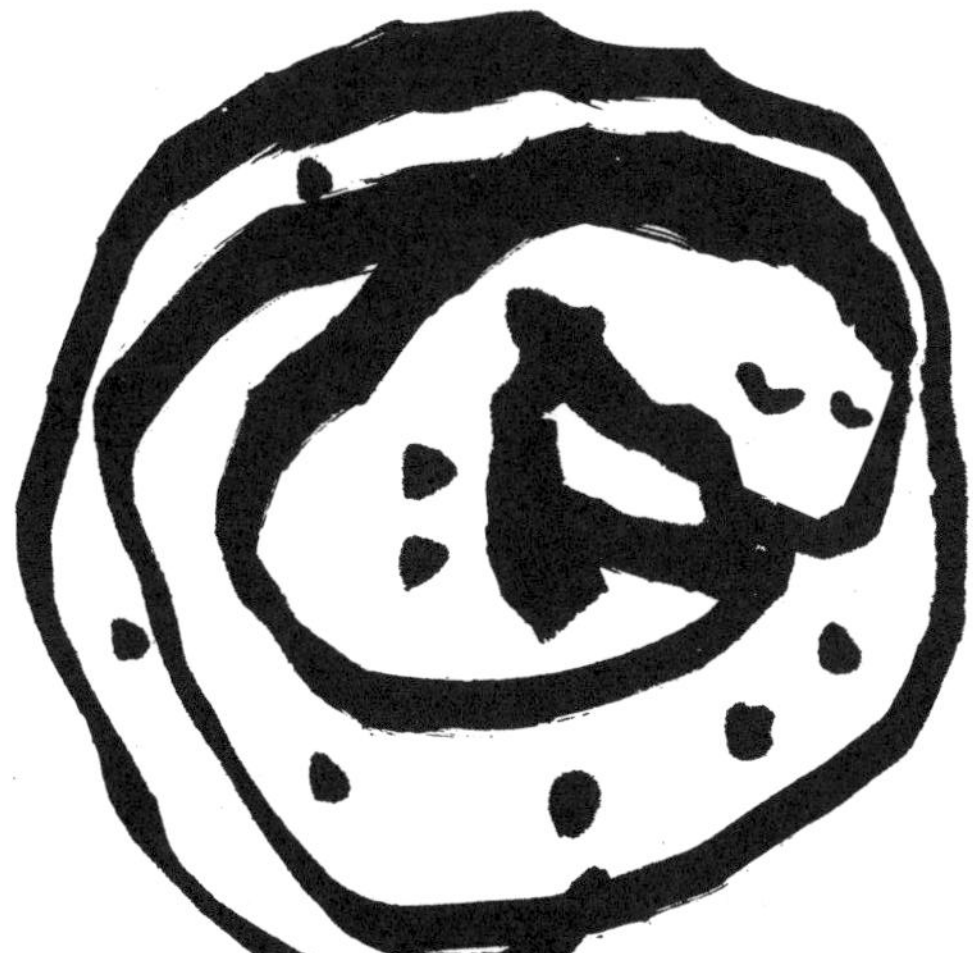

わらっている

はれたり　くもったり
くもったり　はれたり

おひさまは　ちきゅうに
——いない　いない　ばあ。
　をしている

——いない　いない　ばあ。
——いない　いない　ばあ。

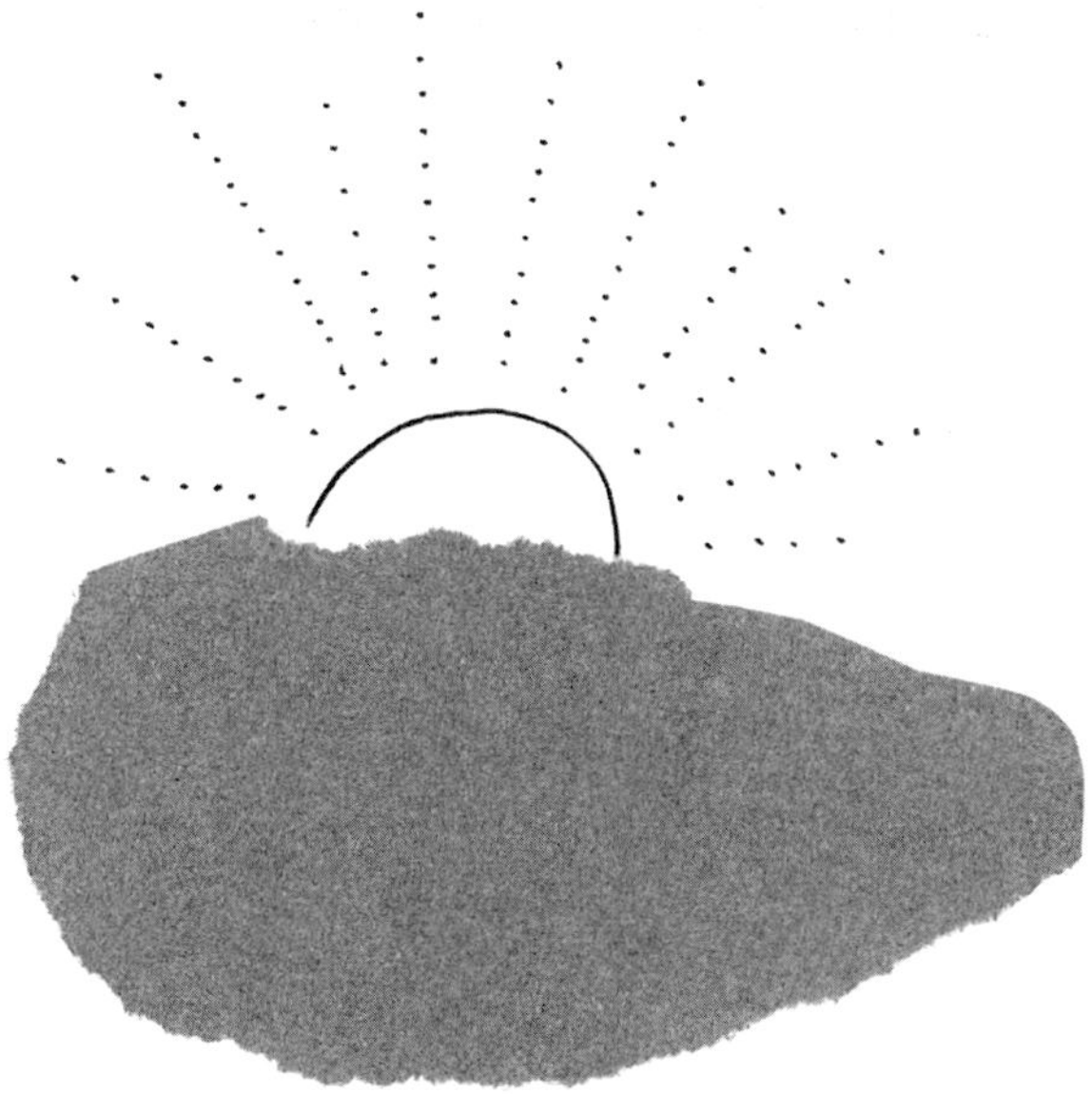

ちきゅうがわらっている
おかあさんに

ふくろう

じいさまの　ふくろうが
かあさんを　よんでいる
なくなった　かあさんを

でも　てれくさくて
ふくろうは
なかまでも　よぶかのように　ないている

——お、ふくろぅ。
——お、ふくろぅ。

レンゲ

レンゲ・タンポポ・こいのぼり
遠ざかる赤い電車
レンゲ・タンポポ・こいのぼり
空高くさえずるヒバリ

レンゲ・タンポポ・こいのぼり
母さんの目のなかのぼく
わらってる

あのときから

ひとがひとにはなすように
はなははなにはなしている
いしもいしにはなしている
そらとうみもはなしている

うちゅうせんとてんもんだいがはなしている
めにはみえないでんぱで

ぼくもはなしている
てんごくのおかあさんと
おもわずはなしかけたあのときから
ほしがまたたいてくれたあのときから

めぐみ

えんそくのひは　はれててほしい
うんどうかいのひも　はれててほしい
でも　はれのひばかりだったら
こめはみをむすべないだろう
そんなときにふってくるあめに
ひとびとはかんしゃした
――めぐみのあめ。

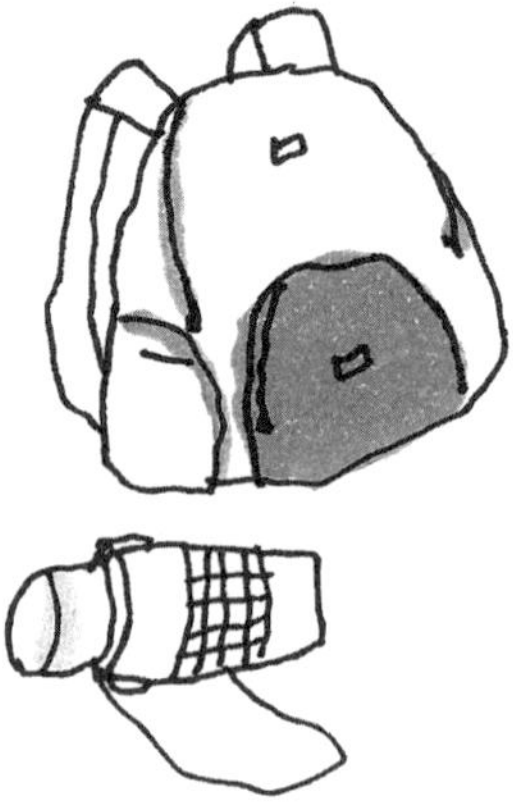

しあわせなひはつづいてほしい
ゆかいなひばかりであってほしい
でも　ふと　かあさんをおもいだしながら
ぼくはかんじている
なくなったひとをつれてきてくれた
（めぐみのかなしみ）

ちきゅうに

ぼくはしんでも
てんごくへはいきたくない
きられたあくにんのように
ばったり
ちきゅうにたおれていたい

そして　はずかしいけど
ちいさなこえでいいたい
たびからかえってきたこどものように
――おかあさん。

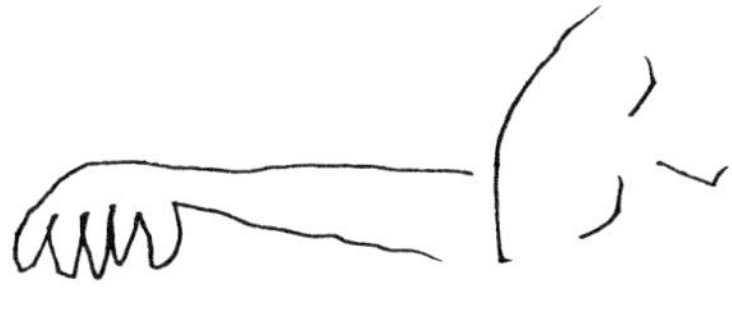

草笛《くさぶえ》

ちいさな木橋にしゃがみ
カッパは川を見ている
水にうつる自分の顔を

なんというみじめな顔
見れば見るほどかなしくなる

草笛がきこえる
カッパは耳をすます

だれだろう
こころにしみるなつかしいうた
（いいなぁ）

カッパはしらない
かあさんをおもいだしているその顔が
どんなにいいお顔なのか

アシの葉《は》っぱにトンボがとまった

花のなかで

少年の日
かなしみを感《かん》じるいのちをたとうとした
くるしみを感じるいのちをたとうとした

花がさいている
レンゲの花がさいている
母が幼子《おさなご》のわたしをよんでいる
幼子のわたしが母をよんでいる

あのときは忘《わす》れていた声
あのときは聞こえていなかった声

ひとは生きぬかなければならない
いつか
かなしみのなかにその声を聞くために

ああ母がわたしをよんでいる
花のなかでよんでいる

さびしさ

また
あざらしの　あかんぼうが　ないている
――かあさーん。
くじらの　こどもも　ないている
――かあさーん。

うみがめには　わからない
ひとりで　たまごから　かえり
ひとりで　いきてきたから

あんなに　かなしそうなこえで　よぶなんて
かあさんって　なんなのだろう

うみがめは　ためしに　よんでみた。
――かあさーん。
なんともなかった

その　なんともないことの
なんという　さびしさ
うみがめは　なみだが　あふれてきた

ばたばた

へいたいさんの　はた
はたはた　はためいて
てきも　みかたも
はた　はたはた　はためいて

いさましく
――とつげき！

へいたいさんの　はた
ばたばた　たおれて
へいたいさんも　ばたばた　たおれて

ばた　ばた　ばた
ばた　ばた　ばた

へいたいさんの　かあさんは　なく
——ばか　ばか　ばか。
へいたいさんの　おとうさんも　なく
——ばか　ばか　ばか。

ばかの　はか
はかの　ばか

いとしい　ばかむすこの
はかない　はか

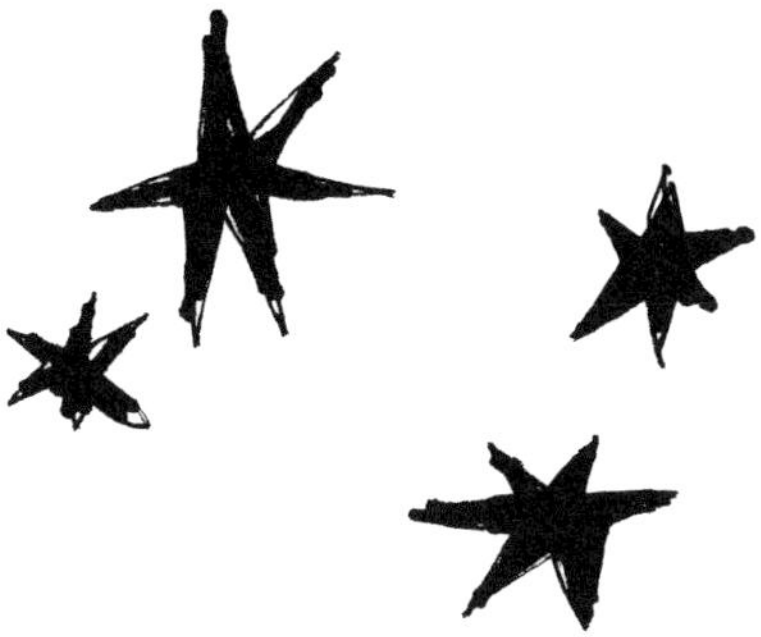

きぼう

うっかりは
じぶんに
がっかりしていたのかもしれない
あんまりにうっかりがつづくものだから
すっかりしょげこみ
ぷっつりすがたをけしたのだろう
もしかしたらぽっくりとしんぱいしていたが

じんせいにはきぼうあり
うっかりはうっかり
とっくりになっていた

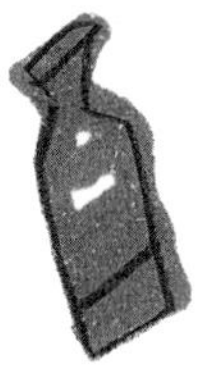

こころ

こころから　かなしみがあふれる
こころから　よろこびがあふれる
こころから　おもいがあふれる
こころから　ことばがあふれる
こころから　うたがあふれる
こころから　詩《し》があふれる
でも　なにもあふれてこない

こんなにそらははれていても
きょうの
こころ
から

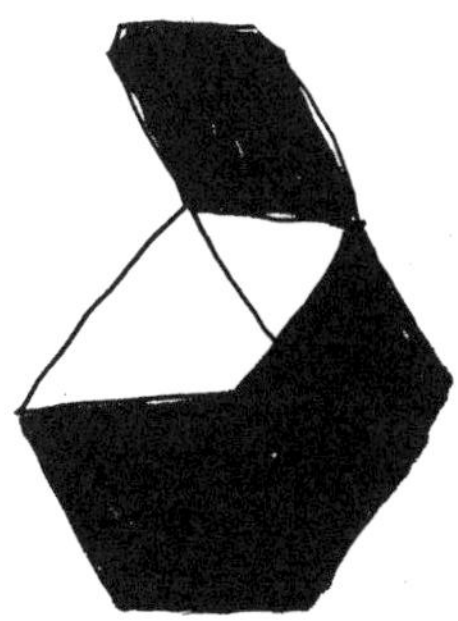

風と木

グミの木が一本
風にぶんぶんゆすぶられている

風は
――それ　ゆけ　どっこい。
とさけび
グミの木は
――なんのこれしき。
とがんばっている

風が帰る時間になると
グミの木はいつもいっている
――また、明日な。
風も小声でうなずく
――うん。

さびしんぼうがふたり
まだ手をふっている

ヒバリ

ヒバリにおとこがきいた
——なんのためにいきているのだ？
（……なんのために）
ヒバリはわからなくてくちごもった

——とつげき！
おとこはくにのためにしんでいった

はるがきた
むぎがあおあおとのびていく
ヒバリはうれしくてうたった
ただうれしくてうれしくて
うたわずにはおられなかった

高原

もうバスはこないのに
あなたは停留所《ていりゅうじょ》にたっている
あれから一時間はすぎている
いや　もっと
とつぜんあなたは手をあげ
バスのステップを上がっていった

——こんにちは。
——こんにちは。

あなたがまっていたのは
ひとのことばだったのか

さびしかったひとをすわらせ
みえないバスは走っていく

どこ

かなしみが　しみる
くるしみが　しみる
こころに　しみる

ねたみが　つもる
にくしみが　つもる
こころに　つもる

ぼくは　あるく

ほほえみを　もとめて
ぼくは　あるく
いつくしみを　もとめて

ほほえんでくれるひとは　どこ
だきしめてくれるひとは　どこ

あるきつかれて
まいごのこいぬをだきあげれば
ぼくからこぼれている
ほほえみ

ちち　かえる

かえるはかえる
どこへかえる
こどものころに
あのころに

（こどものころって　どんなだったっけ）
かえるはおもいだせない
へんなものがちょろちょろしている
おたまじゃくしというんだそうな

（まぬけなつら）

そのまぬけから
てがでてあしがでてさけんだ
「おとうさーん」
かえるはのけぞりながらつぶやいた
——そっくり　かえる

Ⅱ　きぼう

原っぱ

けんちゃんとけんかした
（つまんないなぁ）
ぼくは大の字にねころんだ

雲が流れていく
地球がふんわりと大空にうかぶ
まるで宇宙船地球号《うちゅうせんちきゅうごう》みたいに

――ピイ・ピピピ・ピイ。

小鳥が遠い星からの声をきいている
とっくに消滅《しょうめつ》した星の
十万光年のむかしのさびしい声

——キ・ミ・ニ・ア・イ・タ・イ。

楕円軌道《だえんきどう》

なくなったひとは遠い旅《たび》に出かける
だからいくらよんでも会うことはできない
いくら涙《なみだ》をこぼしても
もどってきてはくれない
それは遠い旅なのだから

でもそれはきみに与《あた》えられた大切な時間
さびしいこころを深《ふか》くたがやしつづけるための
たがやしたこころにやさしさの実《み》を結《むす》ばせるための

やがてその実から種《たね》がはじけ飛《と》ぶころ
なきひとは楕円軌道の旅からかえってくる
きみとふたりで遠い旅へ出るために
だれにも見えないほど小さな星だけれど
二つのひかる星になって

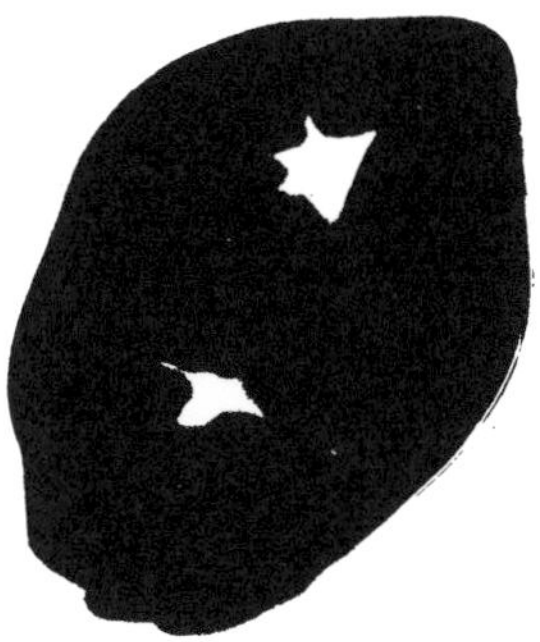

きんぎょ

きんぎょのなみだは
だれにもみえない
みずとおなじいろだから

あかいふくきたきんぎょでも
ないてるときはあるのです
かなしいときもあるのです

きんぎょのなみだは
だれにもみえない

ないてるときも　ゆらゆらゆら
かなしいときも　ゆらゆらゆら

地上

雲を見下ろしたことがある
飛行機《ひこうき》の窓《まど》から
それで有頂天《うちょうてん》になったわけではなかったが

やはり地上に悲《かな》しみはあり
うつむきながら
ぼくは街《まち》を歩いていた

そしてふと見上げた青空に
白い雲がうかんでいた
あわく金色にふちどられ

こんなときに人はつぶやいたのだろう
人が人になれることばを
——あ・こ・が・れ。

つつましく地上の人になりながら

雪

声も立てずに
泣《な》いているのはだれでしょうか
泣いているのはわたしです
ただわけもなく悲《かな》しくて

いいえ　泣いているのは
群《むれ》からはぐれた小猿《こざる》です

いいえ　それもちがいます
泣いているのは
小猿の上に降《ふ》っている雪です

あわれな小猿をだきしめたくて
ただだきしめたくて
降っているだけなのに
自分の冷《つめ》たさがうらめしくて
雪は泣いているのです

なまえ

まだ　ことばが　なかったころ
つまり　なまえや　いみが　なかったころ
それでも　ひとは　いきいきと　いきていた

あるひ
あるおとこが　あるおんなを　すきになった
だれよりも
そのおんなだけを
だれでもない　そのおんなだけを

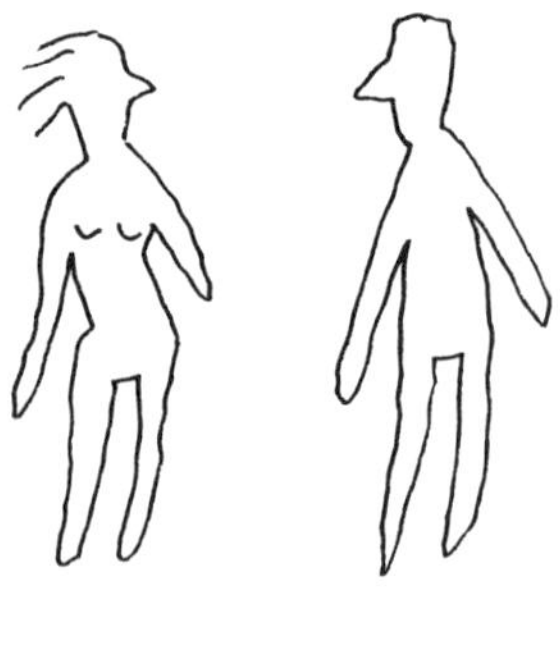

おとこは　いとおしく　おんなを　よんだ
――あ。
なまえが　うまれた
おんなの　なまえが
おとこが　いとおしく　そうよんだから

おんなは　しんだ
おとこは　つちを　たたいて　ないた
おんなの　なまえを　よびながら

ことばは　かなしみを　つれてきたけど
おとこは　そのなまえを　わすれなかった

海

空の青と
海の青が
ぼんやりいりまじる色の
うつくしさに見とれていた

その記憶《きおく》をたどりながら
パステルの色を選《えら》んでいく
あわくとなりあっていく色
となりあいながらひろがっていく海

記憶をたどりながら描《えが》いた絵が

きみの部屋《へや》にかけられている
きみに題《だい》をつけられ
「春の海」

ぼくはわらう
あの日
ぼくが見ていたのは
夏の海

ふたりはあした結婚《けっこん》する
きみは春の海をながめながら
ぼくは夏の海をおもいだしながら
でも
ながめているのはおなじ海だね

ことば

石も
ものごとを
やわらかくいいたいとはおもうのだが
なにしろ石頭であるから
たまごとつぶやけばゆでたまごが
イカとつぶやけばスルメが
水とつぶやけば氷《こおり》が
というように
ことごとく固《かた》いものばかりがうかんでくる

ある日
小鳥がいった
——いつもやすませてくださってありがとう。
（……………）
石はしあわせをことばにできなかった
できないまま
いつまでもやわらかくだきつづけた

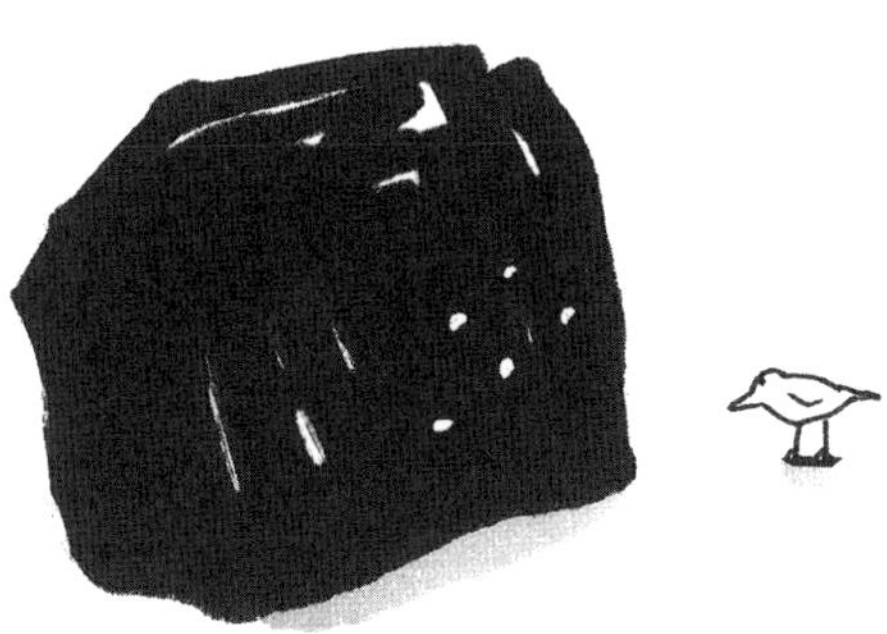

ふと

ふと　おもいつき
たびにでる
ふと　おもいつき
バスにのる
ふと　おもいつき
てがみをかく

ふと　おもいつき
よぞらをみれば
重い月が
椅子にかけている

そうみたい

なにもない
なにもない
なにもない

なにもない　が　三行

あ・る・み・た・い

なつ

だぁれも　とおらない
おひるどき
あつくて　あつくて
スッポンは　こうらをぬいだ

すっぽんぽん

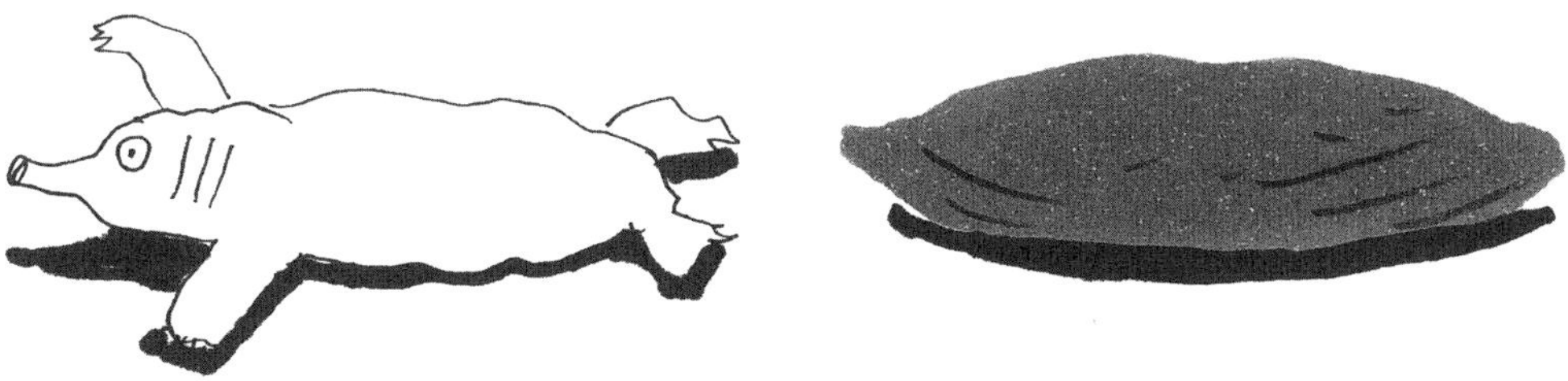

まくら

まくら
まくら
まくら
まくら
まくら
まくら
まくら

まっくらやみのまくら
だれのまくら？

クララのまくら

こうま

みどり　まみどり
みどりの　こうま

みどりの　めをした
みどりの　こうま

みどりの　まきばの
みどりの　こうま

みどりに　かくれ
みえない　こうま
みどりの　こえで
ないたよ　こうま

なのはな

なのはな
なんのはな
なの　はな

なのはな
なんのはな
のの　はな

なのはな

なんのはな
はるの　はな

なのはな
なんのはな
なみになる　はな

はるのかぜに
うみになる　はな

ふね

ふねこぐわれは
あてもなく

つきよのうみを
こいでゆく

ふねこぐわれは
あてもなく

くらげのこえを
まねてみる

かみさま

かみさまははなくそはつまりません
みみあかもたまりません
おしっこももらしません
うんこももらしません
ちこくもしません
じごくにもおちません
ぜったいにしにません

だからときどき
さびしそうにつぶやきます
——おれは、ひとで・なしや。

あんぽんたん

あんぽんたんってなんなのさ
あんこでしょ
ぽんぽんでしょ
たんとでしょ

ぽんぽんにあんこをたんと
ああ　まんぷく
しあわせのことだね

Ⅲ　たぬきのたまご

なにしている

プチプチがぱなぱなしている
パナパナはきろきろしている
キロキロはこけこけしている
コケコケはくらくらしている
クラクラはへもへもしている
ヘモヘモはくまくましている
クマクマはなにしている？
ひるねをしている
ヒルネはなにしている？

あそびにいっている
アソビはなにしている?
これ。

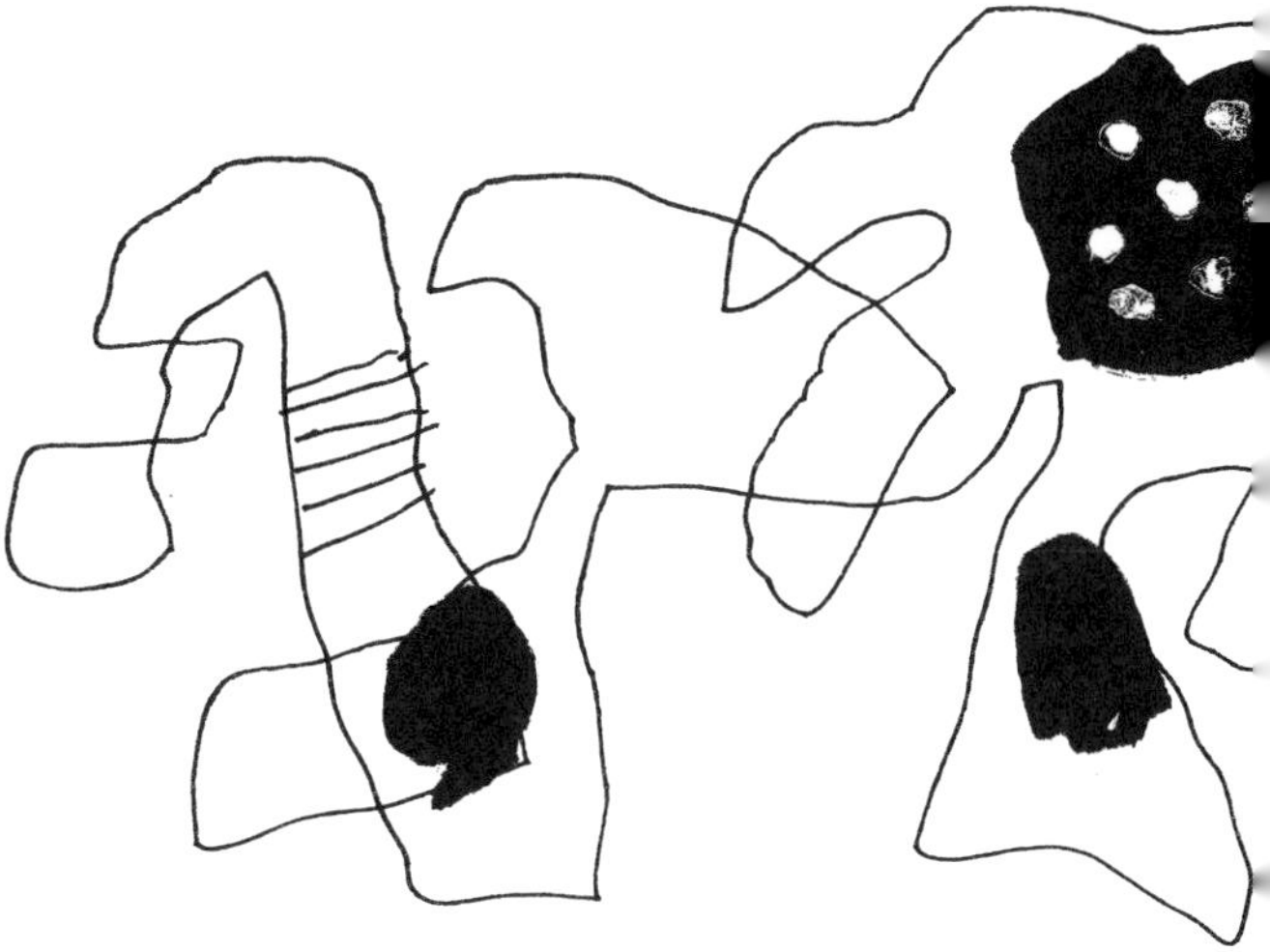

したたらず

うまはうまくいえなかった
まずいものをうまいとは
へたなうたをうまいとは

うまくいかなかった
みやこのむすめとは
（したったらずは　うまれつきだから）
うまはいなかへかえった

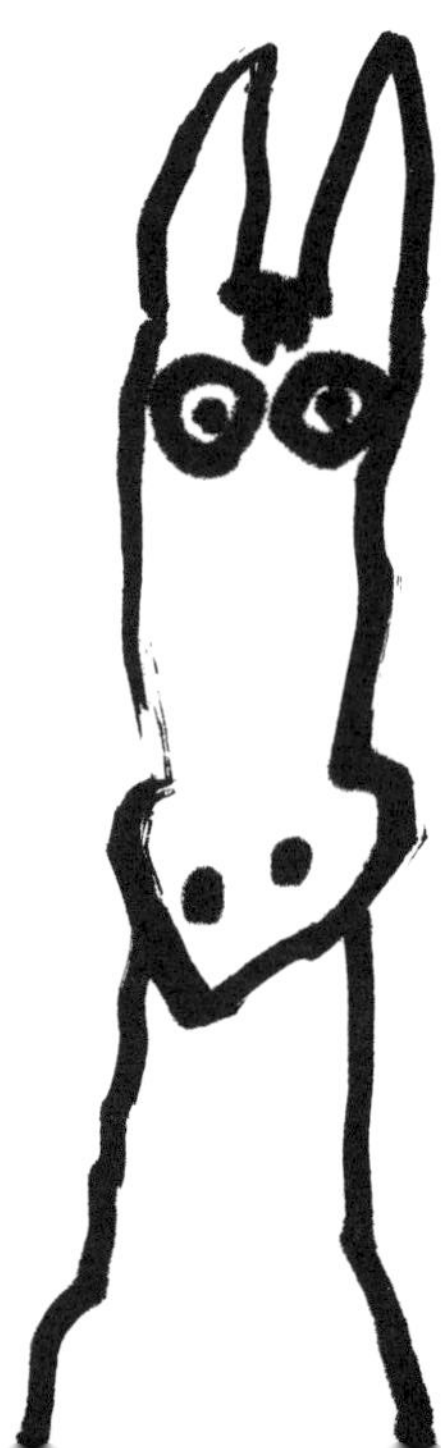

いなかのくさはうまかった
（うまくはいえないが）
うまはふるさとへかえれたよろこびを
かえるにいった
――うまはかえる。
（ウマは、カエル？）
かえるはしばらくずつうがした

つきみそう

たぬきといえば
でっぷりで
まるがおで
しょうしょうくさくて

だからすみれのはななどは
まことにふにあいで
ましてつきみそうのそばで
なきくれるなどは

それでたぬきは
どくだみのはなのそばで
むすめにうちあけたのだ
——ぼくはこのはなほどくさくはありません。

たぬきは　また
つきみそうのそばでないている

ちんぷん　かんぷん

かなしい　かなしい　ゆめだった
こどものぼくが　うたってた

タケさん　おばさん　十二さい
ワニの　たまごが　おならした

かあさん　くびを　ひねってる
とうさん　かたを　すくめてる
ちんぷん　かんぷん　わからない

ほんやくすれば　こんなうた
　かあさん　ぼくは　さびしいよ
　とうさん　ぼくは　さびしいよ

ふたりに　わかってほしいのに
ちんぷん　かんぷん　とってんかん
かなしい　かなしい　ゆめだった

はるがすみ

はるの　のやまは　はるがすみ
―はるが　すむから　はるがすみ？
―そうかもね。
カエルが　わらっている
―カエルは　どこへ　かえるの？
―さあ。

カエルも　くびを　ひねっている
（おれは　どこから　きたんだっけか？）
かんがえても　かんがえても　わからない

はるがすみ
なつがきた

うし

うしうしろをふりかえった
うしがいた
そのうしろのうしもうしろをふりかえった
うしがいた
そのうしろのうしろのうしもうしろをふりかえった
うしがいた
そのうしろのうしろのうしろのうしろのうしもうしろをふりか
えった
うしがいた

どこまでもどこまでもうしがつづいていた
うしうしうしうしうしうしうしうしうしうしうしうしうしうしうしうし
うしうしうしうしうしうし
うしどもはあきれはててつぶやいた
「もう」

ムシ

ムシには　「カ」のつくものが　おおい

カ

カメムシ

カナブン

カマキリ

カンノムシ

カネクイムシ

―どうしてだろう？
―さあ。
カナブンは　くびをひねるばかり
カメムシも　だまっている

タマムシが　いった
―たまたまじゃない。

さびしくて

バッタ　はったりが　とくいであった
――むらがるてきを　はったとにらみ。
――ばったばったと　きりたおし。
――ざっとかぞえりゃ　にまんにん。

あのこがくる。
バッタ　ここぞと　はりきった
――バッタ　ばったときりたおし！
――バッタ　ばったとなぎたおし！

あのこ　こごえでいきすぎた
——くちばっかり。
バッタさびしくて
バットをかまえた

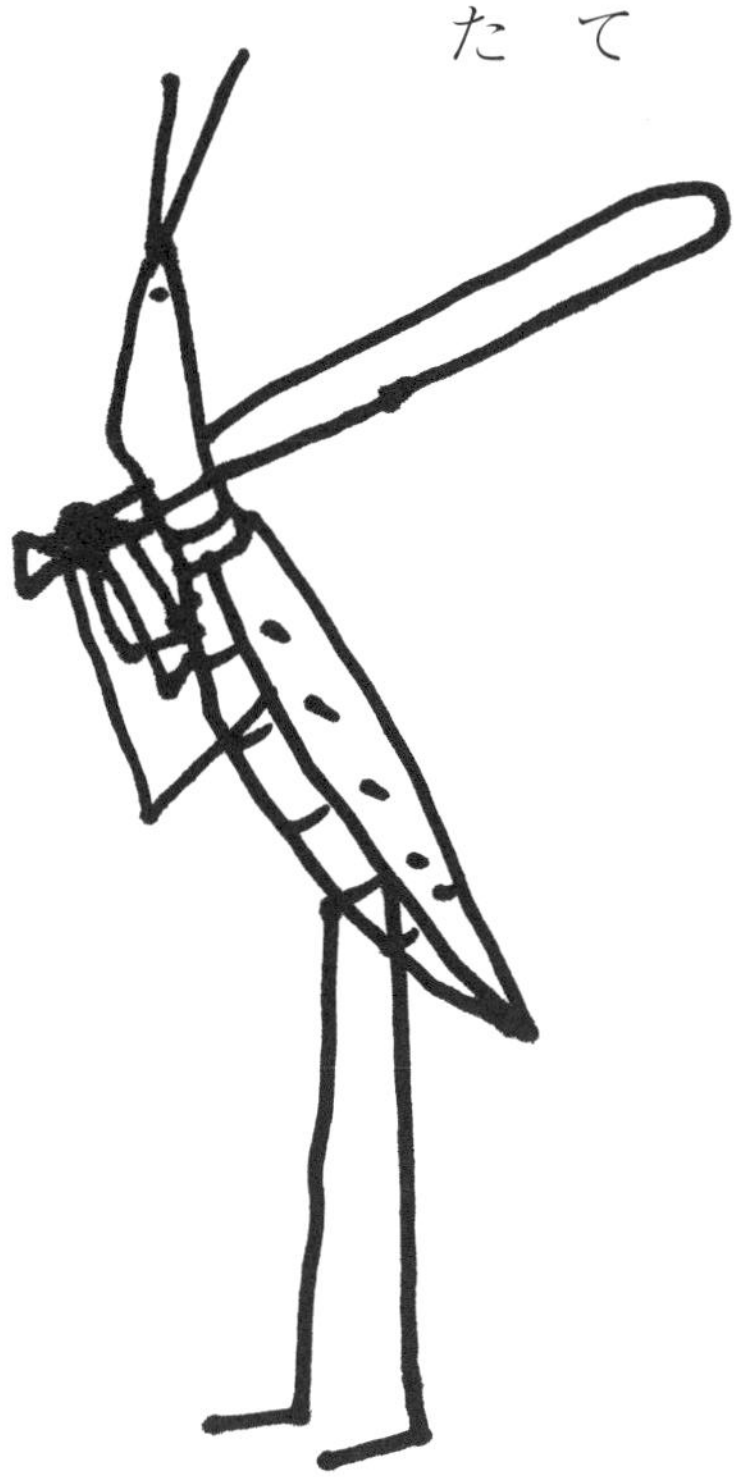

ザリガニ

からだがあかくなればなるほど
うれしかった
はさみがおおきくなればなるほど
うれしかった

（あいつに　かてるぞ！）

だが　ふと　なんとなく
あいつとおなじうたをうたっていた

（……おれが　あいつと）

ザリガニはぽっとあかくなった
それからウシをどなりつけた
――なにもかもしってるんだぞ！

ウシはあわててくつをぬいだ

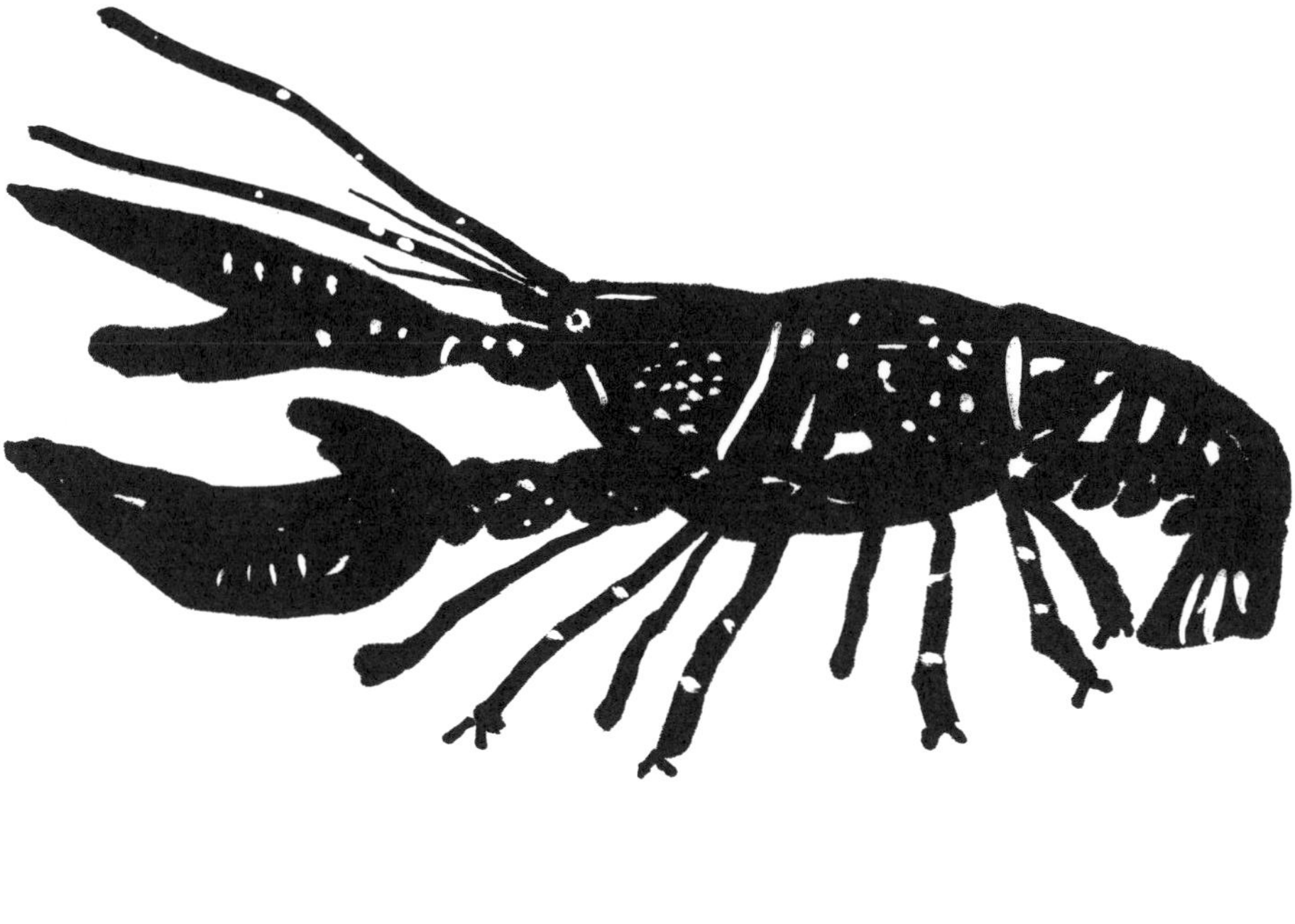

におうさま

におうさまは　どなった
――やめろ！
さいせんどろぼうは　こしをぬかした
――ごほうびです。
かんのんさまが　におうさまを　くすぐる
――やめてよ。
――やめてよ。

――やめて～。
におうさまは　わらいがとまらない
つぎのよる
におうさまは　うっかりいってしまった
――やめてよ。
ひとごろしは　ふにゃりとよろけた

やにわに

わには
やにわに　たちあがった

――しまった！
――しまうまめ！

まちかまえていた　えものは
かわのかりゅうを　わたっている

いそげや　いそげ
およげや　およげ

しまうまは　わたりおえていた

やにわに　にわかあめが　ふってきた
わには　くやしなみだを　ながしつづけた
あめに　かくれて

ふと　めをあげると
シラサギがみていた
（ばれている！）

わには　やにわに　にわとりになった

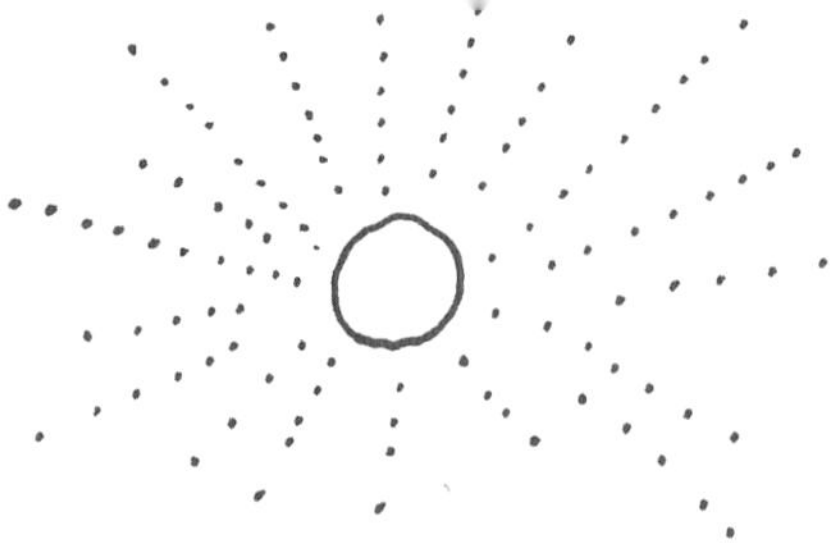

たまたま

たまたま
わがやのたまが　あたまを
となりのたまが　しっぽをおさえた

すすむに　すすめず
しりぞくに　しりぞけず
たまとたまは
とかげを　おさえたまま　にらみあっていた

ひざしはあつく
のどはひりひり

それでも　ずっと　にらみあったまま

たまたま
パンやの　たまが　とおりかかり
ふたりを　あざわらった
——ばーか。
たまは　たまとたまに　おそわれた
（トカゲはすばやくにげた）

たまたまではあったが
どのねこも　げたをはいていた

たまげた！

ユリとミミズ

ユリの花はわらわなかった
ユリだったから

ミミズはよくわらった
ミミズだったから

くらやみでめしをくい
くらやみでうんちをし
うんちはユリをそだてた
くらやみではうたわずにはおられなかった

くらやみではわらわずにはおられなかった

ユリはだれにもいわなかった
じぶんが
ミミズのうんちでそだっているなんて

ミミズもだれにもいわなかった
じぶんのうんちがユリをそだてているなんて

ユリはじぶんのために
ミミズはユリのために
見たこともない美しい花をおもいながら

ぱろらりや

ぽんたん　ぽらりこ　ぽちこんだ
ほろりら　ほろはろ　かなもした

ぱろらりや　ぽろかまや　ぱろぱろぱ
げたは　くつはき　おでかけだ
あめがふるので　ゆきふらない
せんねん　まんねん　ちゃいますねん

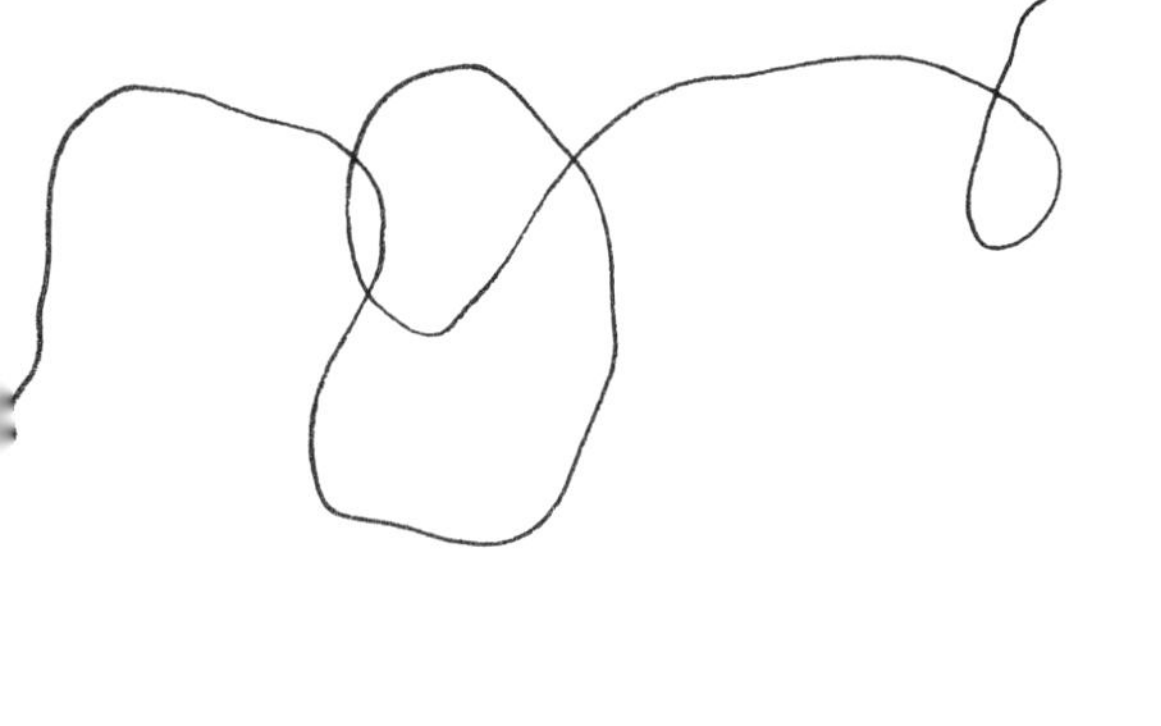

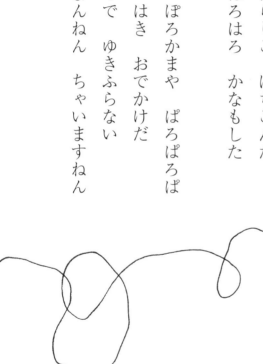

ぱろりや　ぱろりや　ぱろぱろや
てんねん　てんてん　ぱろらりや
つきのひかりに　てらされて
うまは　てがみを　かいてます

うま　うまれた　ぱろらりや
うまく　しゃべれん　はろらりや

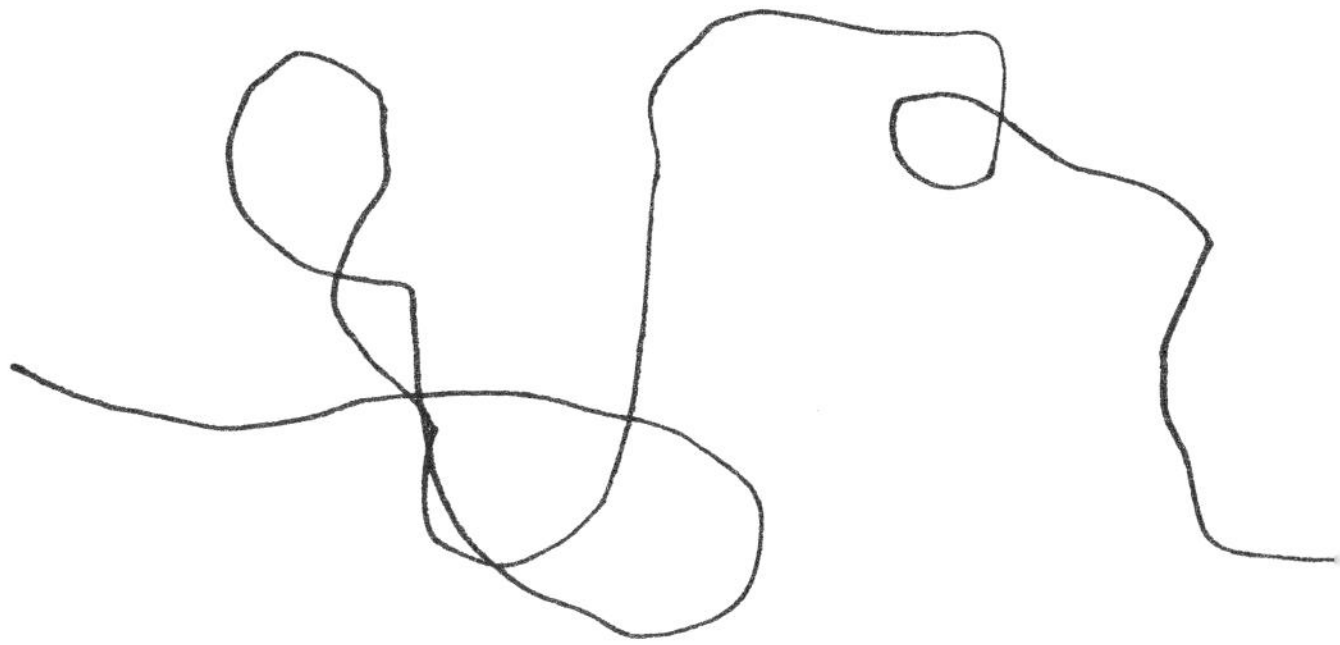

あとがき

たぬきのたまごは、たぬきが持っているたまごではありません。たぬきが産んだたまごです。

そんなたまごが、あるはずはないといわれても、あるからしかたがないのです。でも、ザンネンナガラ、もうお見せすることはできません。三日前に、そのたまごから、ハムスターがかえりましたから。

ハムスターは、かえったとたん、ふんぞりかえってさけびました。

「おれは、ハムではないが、スターではある！」

いや、はや、まことに見上げたハムスターです。そのまんま、空へ飛んでいきました。ボクは、ぽか～んと、見上げていたんですけどね。

絵は、詩「うし」を、とんでもない絵本『うし』（アリス館）にしてくださった、高畠純さんにお願いしました。

こちらも、どうぞ。

二千十七年　あき

詩・内田麟太郎（うちだ　りんたろう）
1941年　福岡県大牟田市生まれ
詩集「うみがわらっている」「まぜごはん」銀の鈴社
詩集「きんじょのきんぎょ」理論社
詩集「ぼくたちはなく」ＰＨＰ研究所　三越左千夫少年詩賞受賞
詩集「しっぽとおっぽ」岩崎書店
絵本「ともだちや」偕成社ほか
絵本「うし」アリス館
童話「ぶたのぶたじろうさん」クレヨンハウスほか

絵・高畠　純（たかばたけ　じゅん）
1948年　名古屋市生まれ
詩のイラスト、装丁に
武鹿悦子詩集「ねこゼンマイ」
金子みすゞ童謡集「わたしと小鳥とすずと」
まど・みちお童謡集「地球の用事」
佐藤義美童謡集「ともだちシンフォニー」
与田準一童謡集「森の夜あけ」
阪田寛夫・詩「すき すき すき」
矢崎節夫童謡集「うずまきぎんが」
などがある。

NDC911
神奈川　銀の鈴社　2017
112頁　21cm（たぬきのたまご）

ジュニアポエムシリーズ　270
2017年10月1日初版発行
本体1,600円＋税

たぬきのたまご

著　　者　内田麟太郎©　絵・高畠　純©
発 行 者　柴崎聡・西野真由美
編集発行　㈱銀の鈴社　TEL 0467-61-1930　FAX 0467-61-1931
〒248-0005　神奈川県鎌倉市雪ノ下3-8-33
http://www.ginsuzu.com
E-mail info@ginsuzu.com

ISBN978－4－86618－021－2　C8092
落丁・乱丁本はお取り替え致します
印刷　電算印刷
製本　渋谷文泉閣

…ジュニアポエムシリーズ…

1 鈴木敏史・詩集 宮下琢郎・絵 星の美しい村 ★☆
2 小池知子・詩集 高志孝子・絵 おにわいっぱいぼくのなまえ ★☆
3 鶴岡千代子・詩集 武田淑子・絵 白い虹 児文芸新人賞
4 楠木しげお・詩集 久保雅勇・絵 カワウソの帽子
5 津坂治男・詩集 垣内美穂・絵 大きくなったら ★◇
6 後藤れい子・詩集 山本まつ子・絵 あくたれぼうずのかぞえうた
7 北村蔦子・詩集 柿本幸造・絵 あかちんらくがき
8 吉田瑞穂・詩集 吉田翠・絵 しおまねきと少年 ★⌺◎
9 新川和江・詩集 葉祥明・絵 野のまつり ★☆
10 阪田寛夫・詩集 織茂恭子・絵 夕方のにおい ★◈○☆
11 高田敏子・詩集 若山憲・絵 枯れ葉と星 ★☆
12 原田直友・詩集 吉田翠・絵 スイッチョの歌 ★◎
13 小林純一・詩集 久保雅勇・絵 茂作じいさん ★◉●☆◎
14 長谷川俊太郎・詩集 長新太・絵 地球へのピクニック ★◎
15 与田準一・詩集 深沢省三・深沢紅子・絵 ゆめみることば ★

16 岸田衿子・詩集 中谷千代子・絵 だれもいそがない村
17 江間章子・詩集 榊原直美・絵 水と風 ◇◎
18 原田直友・詩集 小野まり・絵 虹—村の風景— ★
19 福田正夫・詩集 福田達夫・絵 星の輝く海 ★☆
20 草野心平・詩集 長野ヒデ子・絵 げんげと蛙 ★☆○◇
21 宮田滋子・詩集 青木まさる・絵 手紙のおうち ☆○
22 久保田昭三・詩集 斎藤彬子・絵 のはらでさきたい
23 鶴岡千代子・詩集 加倉井和夫・武田淑子・絵 白いクジャク ★●
24 尾上尚子・詩集 まど・みちお・絵 そらいろのビー玉 児文協新人賞 ★☆
25 水上紅・詩集 深沢紅子・絵 私のすばる ☆
26 野呂昶・詩集 福島一二三・絵 おとのかだん ★
27 こやま峰子・詩集 武田淑子・絵 さんかくじょうぎ ☆
28 青戸かいち・詩集 駒宮録郎・絵 ぞうの子だって
29 まきたかし・詩集 福田達夫・絵 いつか君の花咲くとき ★☆♡
30 薩摩忠・詩集 駒宮録郎・絵 まっかな秋 ★☆♡

31 新川和江・詩集 福島一二三・絵 ヤァ！ヤナギの木 ★☆○♡
32 井上靖・詩集 駒宮録郎・絵 シリア沙漠の少年 ★☆♡
33 古村徹三・詩・絵 笑いの神さま
34 江上波夫・詩集 青空風太郎・絵 ミスター人類 ○☆
35 秋原秀夫・詩集 鈴木義治・絵 風の記憶 ★◎
36 水村三千夫・詩集 武田淑子・絵 鳩を飛ばす
37 久冨純江・詩集 渡辺安芸夫・絵 風車 クッキングポエム
38 日野生三・詩集 吉野晃希男・絵 雲のスフィンクス ★
39 佐藤雅子・詩集 佐藤太清・広瀬きよみ・絵 五月の風 ★
40 小黒恵子・詩集 武田淑子・絵 モンキーパズル ★
41 木村信子・詩集 山本典子・絵 でていった
42 中野栄子・詩集 吉田翠・絵 風のうた ☆
43 宮田滋子・詩集 牧村慶子・絵 絵をかく夕日 ★
44 大久保ティ子・詩集 渡辺安芸夫・絵 はたけの詩 ★☆
45 秋原秀夫・詩集 赤星亮衛・絵 ちいさなともだち ♥

☆日本図書館協会選定（2015年度で終了）
★全国学校図書館協議会選定（SLA）
□少年詩賞 ■茨城県すいせん図書
○厚生省中央児童福祉審議会すいせん図書
●日本童謡賞 ♧岡山県選定図書
♡日本子どもの本研究会選定
♥秋田県選定図書
♣愛媛県教育会すいせん図書
◇岩手県選定図書
◆京都府選定図書
⌺芸術選奨文部大臣賞
◉赤い鳥文学賞 ◈赤い靴賞

…ジュニアポエムシリーズ…

46 日友靖子詩集 藤城清治・安西明美・絵 猫曜日だから ◆☆
47 秋葉てる代詩集 武田淑子・絵 ハープムーンの夜に ♡
48 こやま峰子詩集 山本省三・絵 はじめのいーっぽ ★♡
49 黒柳啓子詩集 金子滋・絵 砂かけ狐 ♡
50 三枝ますみ詩集 武田淑子・絵 ピカソの絵 ☆♡●
51 夢虹二詩集 武田淑子・絵 とんぼの中にぼくがいる ♡○♥
52 はたちよしこ詩集 まど・みちお・絵 レモンの車輪 □♧
53 大岡信詩集 葉祥明・絵 朝の頌歌 ★☆♡♥◎
54 吉田瑞穂詩集 吉田翠・絵 オホーツク海の月 ★☆♡
55 さとう恭子詩集 村上保・絵 銀のしぶき ★☆♡
56 星乃ミミナ詩集 葉祥明・絵 星空の旅人 ★☆♡
57 葉祥明詩・絵 ありがとう そよ風 ★♡▲
58 青戸かいち詩集 初山滋・絵 双葉と風
59 小野ルミ詩集 和田誠・絵 ゆきふるるん ★☆●♡
60 なぐもはるき詩・絵 たったひとりの読者 ★♡♧

61 小関秀夫詩集 小倉玲子・絵 風《かざ》栞《しおり》 ★♡♥
62 海沼松世詩集 守下さおり・絵 かげろうのなか ☆♡
63 山本龍生詩集 小倉玲子・絵 春行き一番列車 ♡
64 小泉周二詩集 深沢省三・絵 こもりうた ★☆♡
65 かわてせいぞう詩集 若山憲・絵 野原のなかで ★♡♥
66 えぐちまき詩集 赤星亮衛・絵 ぞうのかばん ◆♡♥
67 池田あきつ詩集 小倉玲子・絵 天気雨 ♡
68 藤井則行詩集 君島美知子・絵 友へ ♡♤
69 藤哲生詩集 武田淑子・絵 秋いっぱい ★♠
70 日友靖子詩集 深沢紅子・絵 花天使を見ましたか ★
71 吉田瑞穂詩集 吉田翠・絵 はるおのかきの木 ★
72 小島禄琅詩集 中村陽子・絵 海を越えた蝶 ★☆♡♥
73 にしおまさこ詩集 杉田幸子・絵 あひるの子 ★
74 山下竹二詩集 徳田徳志芸・絵 レモンの木 ★
75 高崎乃理子詩集 奥山英俊・絵 おかあさんの庭 ★♡

76 檜きみこ詩集 広瀬弦・絵 しっぽいっぽん ●★☆□♡
77 たかはしけいこ詩集 高田三郎・絵 おかあさんのにおい ♡♣□
78 星乃ミミナ詩集 深澤邦朗・絵 花かんむり ☆♥♡
79 佐藤照雄詩集 津波信久・絵 沖縄 風と少年 ☆♡★
80 相馬梅子詩集 やなせたかし・絵 真珠のように ♥★
81 小島禄琅詩集 深沢紅子・絵 地球がすきだ ★
82 鈴木美智子詩集 黒澤梧郎・絵 龍のとぶ村 ◇★♥
83 いがらしれいこ詩集 高田三郎・絵 小さなてのひら ☆
84 宮入黎子詩集 小倉玲子・絵 春のトランペット ☆★
85 下田喜久美詩集 方振寧・絵 ルビーの空気をすいました ☆
86 野呂昶詩集 方振寧・絵 銀の矢ふれふれ ★
87 ちよはらまちこ詩集 ちよはらまちこ・絵 パリパリサラダ ★
88 秋原秀夫詩集 徳田徳志芸・絵 地球のうた ☆★
89 中島あやこ詩集 井上緑・絵 もうひとつの部屋 ★
90 藤川こうのすけ詩集 葉祥明・絵 こころインデックス ☆

✻サトウハチロー賞　✣毎日童謡賞
☼三木露風賞
♤福井県すいせん図書
▲神奈川県児童福祉審議会推薦優良図書
♠奈良県教育研究会すいせん図書
✤北海道選定図書　❀三越左千夫少年詩賞
⊕静岡県すいせん図書
◎学校図書館図書整備協会選定図書（SLBA）

…ジュニアポエムシリーズ…

91 新井 和詩集／高田 三郎・絵　おばあちゃんの手紙 ☆★
92 はなわたえこ詩集／えばとかつこ・絵　みずたまりのへんじ ★●
93 柏木恵美子詩集／武田 淑子・絵　花のなかの先生 ☆
94 中原千津子詩集／寺内 直美・絵　鳩への手紙 ★
95 髙瀬美代子詩集／小倉 玲子・絵　仲なおり ★
96 杉本深由起詩集／若山 憲・絵　トマトのきぶん ☆★◎ 児文芸新人賞
97 宍倉さとし詩集／守下さおり・絵　海は青いとはかぎらない ♧
98 石井 英行詩集／有賀 忍・絵　おじいちゃんの友だち ■
99 なかのひろ詩集／アサト・シェラ・絵　とうさんのラブレター ☆★
100 小松 静江詩集／藤川 秀之・絵　古自転車のバットマン
101 石原 一輝詩集／加藤 真夢・絵　空になりたい ☆✤★
102 小泉 周二詩集／西 真里子・絵　誕生日の朝 ☆■★
103 くすのきしげのり童謡／わたなべあきお・絵　いちにのさんかんび ☆★
104 成本 和子詩集／小倉 玲子・絵　生まれておいで ☆★✤♡♧
105 伊藤 政弘詩集／小倉 玲子・絵　心のかたちをした化石 ★

106 川崎 洋子詩集／井戸 妙子・絵　ハンカチの木 □★☆
107 柘植 愛子詩集／油野 誠一・絵　はずかしがりやのコジュケイ ✤
108 新谷智恵子詩集／葉 祥明・絵　風をください ☆⊕✺●♡✣
109 金親 尚子詩集／牧 進・絵　あたたかな大地 ☆
110 黒柳 啓子詩集／吉田 翠・絵　父ちゃんの足音 ☆★♡□
111 富田 栄子詩集／油野 誠一・絵　にんじん笛 ♡☆
112 原 国子詩集／高畠 純・絵　ゆうべのうちに ☆
113 宇部 京子詩集／スズキコージ・絵　よいお天気の日に ○□●☆◇★
114 武鹿 悦子詩集／牧野 鈴子・絵　お花見 ☆□
115 山本なおこ詩集／梅田 俊作・絵　さりさりと雪の降る日 ☆★
116 小林比呂古詩集／おおた慶文・絵　ねこのみち ☆
117 後藤れい子詩集／渡辺あきお・絵　どろんこアイスクリーム ☆
118 重清 良吉詩集／高田 三郎・絵　草の上 ☆□✿◆★
119 宮中 雲子詩集／西 真里子・絵　どんな音がするでしょか ✼★
120 前山 敬子詩集／若山 憲・絵　のんびりくらげ ☆★

121 川端 律子詩集／若山 憲・絵　地球の星の上で ♡
122 たかはしけいこ詩集／織茂 恭子・絵　とうちゃん ♡✿♣★
123 宮田 滋子詩集／深澤 邦朗・絵　星の家族 ☆●
124 国沢たまき詩集／唐沢 静・絵　新しい空がある
125 池田あきつ詩集／小倉 玲子・絵　かえるの国 ★
126 黒田 恵子詩集／倉島千賀子・絵　ボクのすきなおばあちゃん ☆★♡
127 垣内 磯子詩集／宮崎 照代・絵　よなかのしまうまバス ☆♡★
128 小泉 周二詩集／佐藤 平八・絵　太陽へ ✿★●☆♡
129 中島 和子詩集／秋里 信子・絵　青い地球としゃぼんだま ☆★
130 のろさかん詩集／福島一二三・絵　天のたて琴 ☆
131 加藤 丈夫詩集／葉 祥明・絵　ただ今受信中 ☆★
132 北原 悠子詩集／深沢 紅子・絵　あなたがいるから ♡
133 池田もと子詩集／小倉 玲子・絵　おんぷになって ♡
134 鈴木 初江詩集／吉田 翠・絵　はねだしの百合 ★
135 垣内 磯子詩集／今井 俊・絵　かなしいときには ★

△長野県教育委員会すいせん図書　✡㈶日本動物愛護協会推薦図書
◈茨城県推奨図書

…ジュニアポエムシリーズ…

136 秋葉てる代詩集 やなせたかし・絵　おかしのすきな魔法使い ●★

137 青戸かいち詩集 永田萠・絵　小さなさようなら ❁★

138 柏木恵美子詩集 高田三郎・絵　雨のシロホン ♡★

139 藤井則行詩集 阿見みどり・絵　春だから ♡★◎

140 黒田勲子詩集 山中冬児・絵　いのちのみちを

141 南郷芳明詩集 的場豊子・絵　花時計

142 やなせたかし 詩・絵　生きているってふしぎだな

143 内田麟太郎詩集 斎藤隆夫・絵　うみがわらっている

144 しまざきふみ詩集 島崎奈緒・絵　こねこのゆめ ♡

145 糸永えつこ詩集 武井武雄・絵　ふしぎの部屋から ♡

146 石坂きみこ詩集 鈴木英二・絵　風の中へ ♡

147 坂本のこ詩集 坂本こう・絵　ぼくの居場所 ♡

148 島村木綿子 詩・絵　森のたまご ❁

149 楠木しげお詩集 わたせせいぞう・絵　まみちゃんのネコ ★

150 牛尾良子詩集 上矢津・絵　おかあさんの気持ち ♡

151 三越左千夫詩集 阿見みどり・絵　せかいでいちばん大きなかがみ ★

152 水村三千夫詩集 高見八重子・絵　月と子ねずみ

153 川越文子詩集 横松桃子・絵　ぼくの一歩ふしぎだね ★

154 すずきゆかり詩集 葉祥明・絵　まっすぐ空へ

155 西田純詩集 葉祥明・絵　木の声水の声

156 清野倭文子詩集 水科舞・絵　ちいさな秘《ひ》密《みつ》

157 川奈静詩集 直江みちる・絵　浜ひるがおはパラボラアンテナ ★◎

158 若木良水詩集 西真里子・絵　光と風の中で

159 牧陽子詩集 渡辺あきお・絵　ねこの詩 ★◎

160 宮田滋子詩集 阿見みどり・絵　愛一輪 ★◎

161 井上灯美子詩集 唐沢静・絵　ことばのくさり ☆●

162 滝波万理子詩集 滝波裕子・絵　みんな王《おう》様《さま》 ★●

163 冨岡みち詩集 関口コオ・絵　かぞえられへんせんぞさん ★

164 垣内磯子詩集 辻恵子・切り絵　緑色のライオン ★◎

165 すぎもとれいこ詩集 平井辰夫・絵　ちょっといいことあったとき ★

166 岡田喜代子詩集 おぐらひろかず・絵　千年の音 ★☆◎

167 川奈静詩集 直江みちる・絵　ひもの屋さんの空 ★◎☆❤♡

168 鶴岡千代子詩集 武田淑子・絵　白い花火 ★☆

169 井上灯美子詩集 唐沢静・絵　ちいさい空をノックノック ★◎☆

170 尾崎杏子詩集 ひなた山すじゅう郎・絵　海辺のほいくえん ☆♡★◎

171 柘植愛子詩集 やなせたかし・絵　たんぽぽ線路 ☆♡★◎●

172 小林比呂古詩集 うめざわのりお・絵　横須賀スケッチ ☆★◎♡▲

173 林佐知子詩集 串田敦子・絵　きょうという日 ☆★◎♡▲

174 後藤基宗子詩集 岡澤由紀子・絵　風とあくしゅ ☆❤★◎♡

175 土屋律子詩集 高瀬のぶえ・絵　るすばんカレー ☆♡★◎▲

176 三輪アイ子詩集 深沢邦朗・絵　かたぐるましてよ ★☆♡

177 田辺瑞美子詩集 西真里子・絵　地球賛歌 ☆★◎

178 高瀬美代子詩集 小倉玲子・絵　オカリナを吹く少女 ☆♡

179 中野恵子詩集 串田敦子・絵　コロポックルでておいで ★♡☆●

180 松井節子詩集 阿見みどり・絵　風が遊びにきている ★☆♡▲

…ジュニアポエムシリーズ…

- 181 新谷智恵子詩集 徳田徳志芸・絵 とびたいペンギン 佐世保文学賞 ♡★◎▲
- 182 牛尾良子詩集 牛尾征治・写真 庭のおしゃべり ♡★◎
- 183 三枝ますみ詩集 高見八重子・絵 サバンナの子守歌 ☆★
- 184 佐藤雅子詩集 佐藤太清 菊池治子・絵 空の牧《まき》場《ば》 ☆★♡■◎◈
- 185 山内弘子詩集 おぐらひろかず・絵 思い出のポケット ♡★●
- 186 山内弘子詩集 阿見みどり・絵 花の旅人 ♡★▲
- 187 原国子詩集 牧野鈴子・絵 小鳥のしらせ ♡★△◎
- 188 人見敬子 詩・絵 方《はこ》舟《ぶね》地球号 —いのちは元気— ♡★◎
- 189 林佐知子詩集 串田敦子・絵 天にまっすぐ ★☆♡◎
- 190 小臣富子詩集 渡辺あきお・絵 わんさかわんさかどうぶつさん ✡♡★◎
- 191 川越文子詩集 かまだちえみ・写真 もうすぐだからね ♡★◎
- 192 永田喜久男詩集 武田淑子・絵 はんぶんごっこ ☆★◎♡
- 193 吉田房子詩集 大和田明代・絵 大地はすごい ★◎♡
- 194 石井春香詩集 高見八重子・絵 人魚の祈り ★♡
- 195 石原一輝詩集 小倉玲子・絵 雲のひるね ♡
- 196 たかはしけいこ詩集 高橋敏彦・絵 そのあと ひとは ★
- 197 宮田滋子詩集 おおた慶文・絵 風がふく日のお星さま ★♡◎
- 198 渡辺恵美子詩集 つるみゆき・絵 空をひとりじめ ★♡●
- 199 宮中雲子詩集 西真里子・絵 手と手のうた ★
- 200 杉本深由起詩集 太田大八・絵 漢字のかんじ ★♡✤
- 201 井上灯美子詩集 唐沢静・絵 心の窓が目だったら ★♡
- 202 峰松晶子詩集 おおた慶文・絵 きばなコスモスの道 ★♡
- 203 高橋文子詩集 山中桃子・絵 八丈太鼓 ★♡
- 204 長野貴子詩集 武田淑子・絵 星座の散歩 ★♡
- 205 江口正子詩集 高見八重子・絵 水の勇気 ♡☆★
- 206 藤本美智子 詩・絵 緑のふんすい ☆♡★
- 207 林佐知子詩集 串田敦子・絵 春はどどど ♡★◎
- 208 小関秀夫詩集 阿見みどり・絵 風のほとり ☆♡★
- 209 宗美津子詩集 宗信寛・絵 きたのもりのシマフクロウ ♡★
- 210 かわてせいぞう詩集 高橋敏彦・絵 流れのある風景 ☆♡★
- 211 土屋律子詩集 高瀬のぶえ・絵 ただいまぁ ★♡☆◎
- 212 永田喜久男詩集 武田淑子・絵 かえっておいで ☆♡★
- 213 みたみちこ詩集 牧進・絵 いのちの色 ♡★
- 214 糸永えつこ詩集 糸永わかこ・絵 母です 息子です おかまいなく ♡☆★
- 215 宮田滋子詩集 武田淑子・絵 さくらが走る ♡☆★●
- 216 柏木恵美子詩集 吉野晃希男・絵 ひとりぼっちの子クジラ ♡★◎
- 217 江口正子詩集 高見八重子・絵 小さな勇気 ♡☆★
- 218 井上灯美子詩集 唐沢静・絵 いろのエンゼル ★♡
- 219 中島あやこ詩集 日向山寿十郎・絵 駅伝競走 ★☆♡
- 220 高橋孝治詩集 高見八重子・絵 空の道 心の道 ★♡
- 221 江口正子詩集 日向山寿十郎・絵 勇気の子 ♡☆★
- 222 宮田滋子詩集 牧野鈴子・絵 白鳥よ ☆★
- 223 井上良子詩集 銅版画 太陽の指環 ★
- 224 川越文子詩集 山中桃子・絵 魔法のことば ♡☆★
- 225 西本みさこ詩集 上司かのん・絵 いつもいっしょ ☆♡

…ジュニアポエムシリーズ…

226 おばらいちこ詩集 高見八重子・絵 ぞうのジャンボ ☆★♡
227 吉田房子詩集 本田あまね・絵 まわしてみたい石臼 ★♡
228 吉田房子詩集 阿見みどり・絵 花 詩 集 ★♡◎
229 田中たみ子詩集 唐沢静・絵 へこたれんよ ★◎
230 林佐知子詩集 串田敦子・絵 この空につながる ★♡
231 藤本美智子 詩・絵 心のふうせん ★♡
232 火星雅範詩集 西川律子・絵 ささぶねうかべたよ ★♡▲
233 吉田房子詩集 岸田歌子・絵 ゆりかごのうた ★♡
234 むらかみみちこ詩集 むらかみみちこ むらかみあくる・絵 風のゆうびんやさん ★♡
235 白谷玲花詩集 阿見みどり・絵 柳川白秋めぐりの詩 ★♡
236 ほさかとしこ詩集 内山つとむ・絵 神さまと小鳥 ★☆♡
237 内田麟太郎詩集 長野ヒデ子・絵 まぜごはん ☆★◎♡▲
238 小林比呂古詩集 出口雄大・絵 きりりと一直線 ♡★
239 牛尾良子詩集 おぐらひろかず・絵 うしの土鈴とうさぎの土鈴 ★◎♡
240 山本純子詩集 ルイコ・絵 ふ ふ ふ ★♡☆◎

241 神田亮 詩・絵 天使の翼 ★☆♡
242 かんざわみえ詩集 阿見みどり・絵 子供の心大人の心さ迷いながら ☆★◎▲
243 永田喜久男詩集 内山つとむ・絵 つながっていく ★☆♡
244 浜野木碧 詩・絵 海原散歩 ☆★◎♡
245 やまうち・しゅうへい詩集 山本省三・絵 風のおくりもの ☆★◎♡
246 すぎもとれいこ 詩・絵 てんきになあれ ★◎
247 冨岡みち詩集 加藤真夢・絵 地球は家族 ひとつだよ ♡☆◎★
248 北野千賀詩集 滝波裕子・絵 花束のように ♡☆★◎
249 石原一輝詩集 加藤真夢・絵 ぼくらのうた ♡★◎
250 土屋律子詩集 高瀬のぶえ・絵 まほうのくつ ♡☆★◎
251 津坂治男詩集 井上良子・絵 白い太陽 ☆♡★◎
252 石井英行詩集 よしだちなつ・表紙絵 野原くん ☆★♡◎▲
253 井上灯美子詩集 唐沢静・絵 たからもの ☆♡★
254 大竹典子詩集 加藤真夢・絵 おたんじょう ☆★
255 たかはしけいこ詩集 織茂恭子・絵 流れ星 ★♡

256 谷川俊太郎詩集 下田昌克・絵 そ し て ♡★◎
257 なんば・みちこ詩集 布下満・絵 トックントックン大空で大地で ★◎
258 宮本美智子詩集 阿見みどり・絵 夢の中にそっと ★◎♡
259 成本和子詩集 阿見みどり・絵 天使の梯子 ★◎
260 海野文音詩集 牧野鈴子・絵 ナンドデモ ★♡
261 熊谷本郷詩集 永田萠・絵 かあさん かあさん ★♡
262 大楠翠詩集 吉野晃希男・絵 おにいちゃんの紙飛行機 ★♡●
263 久保恵子詩集 たかせちなつ・絵 わたしの心は 風に舞う ★♡
264 みずかみさやか詩集 葉祥明・絵 五月の空のように ★♡
265 尾崎昭代詩集 中辻アヤ子・絵 たんぽぽの日
266 はやしゆみ詩集 渡辺あきお・絵 わたしはきっと小鳥
267 田沢節子詩集 永田萠・絵 わき水ぷっくん
268 柘植愛子詩集 そねはらまさえ・絵 赤いながぐつ
269 馬場与志子詩集 日向山寿十郎・絵 ジャンケンポンでかくれんぼ
270 内田麟太郎詩集 高畠純・絵 たぬきのたまご

ジュニアポエムシリーズは、子どもにもわかる言葉で真実の世界をうたう個人詩集のシリーズです。

本シリーズからは、毎回多くの作品が教科書等の掲載詩に選ばれており、1974年以来、全国の小・中学校の図書館や公共図書館等で、長く、広く、読み継がれています。

心を育むポエムの世界。

一人でも多くの子どもや大人に豊かなポエムの世界が届くよう、ジュニアポエムシリーズはこれからも小さな灯をともし続けて参ります。

271 むらかみみちこ詩集・絵 家族のアルバム
272 井上和子詩集 吉田瑠美・絵 風のあかちゃん

＊刊行の順番はシリーズ番号と異なる場合があります。

掌の本 アンソロジー

こころの詩 I
しぜんの詩 I
いのちの詩 I
ありがとうの詩 I
詩集 希望
詩集 家族
いのちの詩集—いきものと野菜
ことばの詩集—方言と手紙
詩集—夢・おめでとう
詩集—ふるさと・旅立ち

心に残る本を　そっとポケットに　しのばせて…
・A7判（文庫本の半分サイズ）　・上製、箔押し

銀の小箱シリーズ

葉 祥明 詩・絵　小さな庭

若山 憲 詩・絵　白い煙突

こばやしひろこ・詩 うめざわのりお・絵　みんななかよし

江口正子・詩 油野誠一・絵　みてみたい

やなせたかし 詩・絵　あこがれよなかよくしよう

冨岡みち・詩 関口コオ・絵　ないしょやで

小林比呂古・詩 神谷健雄・絵　花かたみ

小泉周二・詩 辻友紀子・絵　誕生日・おめでとう

柏原耿子・詩 阿見みどり・絵　アハハ・ウフフ・オホホ★♡▲

こばやしひろこ・詩 うめざわのりお・絵　ジャムパンみたいなお月さま★

すずのねえほん

たかはしけいこ・詩 中釜浩一郎・絵　わたし★◎

尾上尚子・詩 小倉玲子・絵　ぽわぽわん

糸永えつこ・詩 高見八重子・絵　はるなつあきふゆもうひとつ★ 児文芸新人賞

山口敦子・詩 高橋宏幸・絵　ばあばとあそぼう

あらい・まさはる・童謡 しのはらはれみ・絵　けさいちばんのおはようさん

佐藤雅子・詩 佐藤太清・絵　こもりうたのように● 美しい日本の12ヵ月 日本童謡賞

柏木隆雄・詩 やなせたかし他・絵　かんさつ日記★♡

アンソロジー

渡辺浦人・編 村上保・絵　赤い鳥 青い鳥●

わたげの会・編 渡辺あきお・絵　花ひらく★

木曜会・編 西真里子・絵　いまも星はでている★

木曜会・編 西真里子・絵　いったりきたり♡

木曜会・編 西真里子・絵　宇宙からのメッセージ

木曜会・編 西真里子・絵　地球のキャッチボール★◎

木曜会・編 西真里子・絵　おにぎりとんがった☆★◎

木曜会・編 西真里子・絵　みぃーつけた♡★◎

木曜会・編 西真里子・絵　ドキドキがとまらない

木曜会・編 西真里子・絵　神さまのお通り★

木曜会・編 西真里子・絵　公園の日だまりで★♡

木曜会・編 西真里子・絵　ねこがのびをする♡★